Hacer conexiones:
el texto y yo / el texto y otros textos / el texto y el mundo

Haces conexiones al leer cuando algo en esa lectura te hace pensar en una cosa parecida. Puede ser algo que **viviste**, otra cosa que **leíste** o algo que **sabes** del mundo que te rodea.

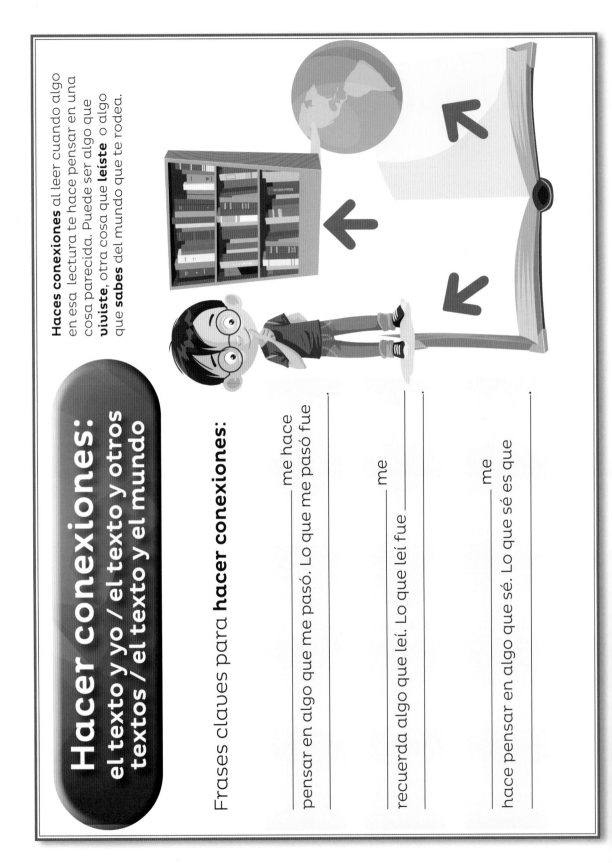

Frases claves para **hacer conexiones:**

pensar en algo que me pasó. Lo que me pasó fue _____ me hace _____

recuerda algo que leí. Lo que leí fue _____ me _____

hace pensar en algo que sé. Lo que sé es que _____ me _____

Ver, oír, oler y probar

Veo algo.

insecto

Veo un **insecto**.

Pruebo algo.

Pruebo el insecto.

Oigo algo.

Oigo los insectos.

Pruebo algo.

Pruebo los insectos.

Huelo algo.

Huelo la **hierba**.

Pruebo algo.

Pruebo la hierba.

descansar

Estoy lleno. Es hora de **descansar**.

dormir

¡A **dormir**!

descansar

hierba

dormir

insecto

Photography and Art Credits

All images © by Vista Higher Learning unless otherwise noted.

Cover: (tl) Jiri Hrebicek/Getty Images; (tr) Hagit Berkovich/Fotolia; (b) Bas Vermolen/Getty Images.

4: Norbert Probst/Getty Images; **5:** Teti Nurhayati.r/EyeEm/Getty Images; **6:** Jiri Hrebicek/Getty Images; **7:** Jiri Hrebicek/Shutterstock; **8:** Hagit Berkovich/Fotolia; **9:** Pavel Krasensky/Shutterstock; **10:** Zoltan Molnar/Alamy; **11:** Vladimir Wrangel/Shutterstock; **12:** Chrisdaviez/Shutterstock; **13:** Black Sheep Media/Shutterstock; **14:** Bas Vermolen/Getty Images; **15:** Carole Deschuymere/Alamy; **16:** (t) Bambara/Shutterstock; (b) David Shaine/Getty Images; **17:** Vicki Jauron, Babylon and Beyond Photography/Getty Images; **18:** (tl) Teti Nurhayati.r/EyeEm/Getty Images; (tr) David Shaine/Getty Images; (bl) Black Sheep Media/Shutterstock; (br) Vicki Jauron, Babylon and Beyond Photography/Getty Images; **Master Art:** Desirede/Shutterstock.

© 2023, Vista Higher Learning, Inc.
500 Boylston Street, Suite 620
Boston, MA 02116-3736
www.vistahigherlearning.com
www.loqueleo.com/us

Dirección Creativa: José A. Blanco
Vicedirector Ejecutivo y Gerente General, K–12: Vincent Grosso
Desarrollo Editorial: Salwa Lacayo, Lisset López, Isabel C. Mendoza
Diseño: Ilana Aguirre, Radoslav Mateev, Gabriel Noreña, Verónica Suescún, Andrés Vanegas, Manuela Zapata
Coordinación del proyecto: Karys Acosta, Tiffany Kayes
Derechos: Jorgensen Fernandez, Annie Pickert Fuller, Kristine Janssens
Producción: Esteban Correa, Oscar Díez, Sebastián Díez, Andrés Escobar, Adriana Jaramillo, Daniel Lopera, Juliana Molina, Daniela Peláez, Jimena Pérez

Ver, oír, oler y probar
ISBN: 978-1-54338-617-2

Printed in the United States of America

1 2 3 4 5 6 7 8 9 AP 28 27 26 25 24 23